Wilson Language Basics

Student Notebook

Level 1

Wilson works.

SECOND EDITION

Wilson Language Training Corporation

www.wilsonlanguage.com

www.fundations.com

Fundations® Student Notebook 1

Item # F2STNBK1

ISBN 978-1-56778-517-3

SECOND EDITION

PUBLISHED BY:

Wilson Language Training Corporation
47 Old Webster Road
Oxford, MA 01540
United States of America

(800) 899-8454

www.wilsonlanguage.com

Printed in the U.S.A.

January 2022

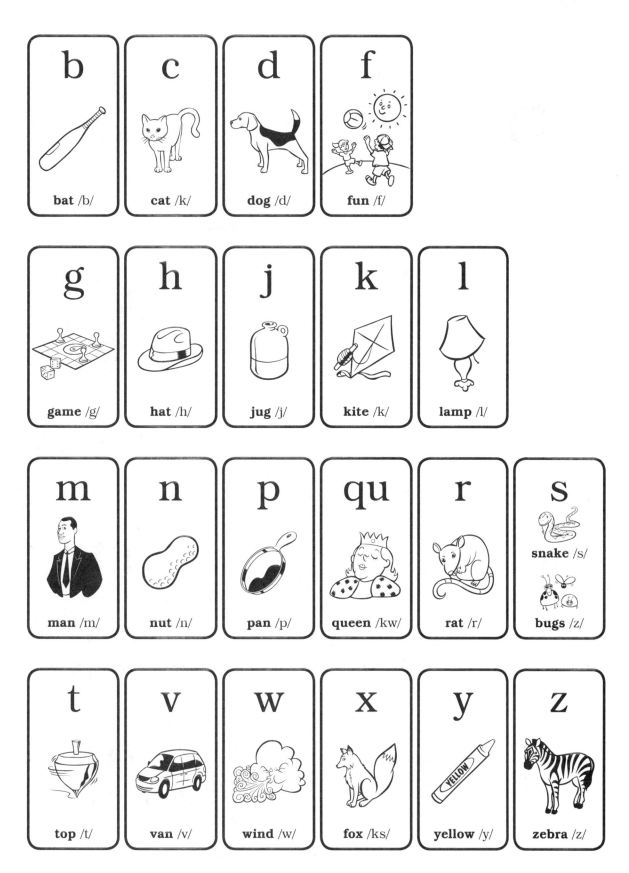

b bat /b/	**c** cat /k/	**d** dog /d/	**f** fun /f/
g game /g/	**h** hat /h/	**j** jug /j/	**k** kite /k/	**l** lamp /l/
m man /m/	**n** nut /n/	**p** pan /p/	**qu** queen /kw/	**r** rat /r/	**s** snake /s/ — bugs /z/
t top /t/	**v** van /v/	**w** wind /w/	**x** fox /ks/	**y** yellow /y/	**z** zebra /z/

Consonants

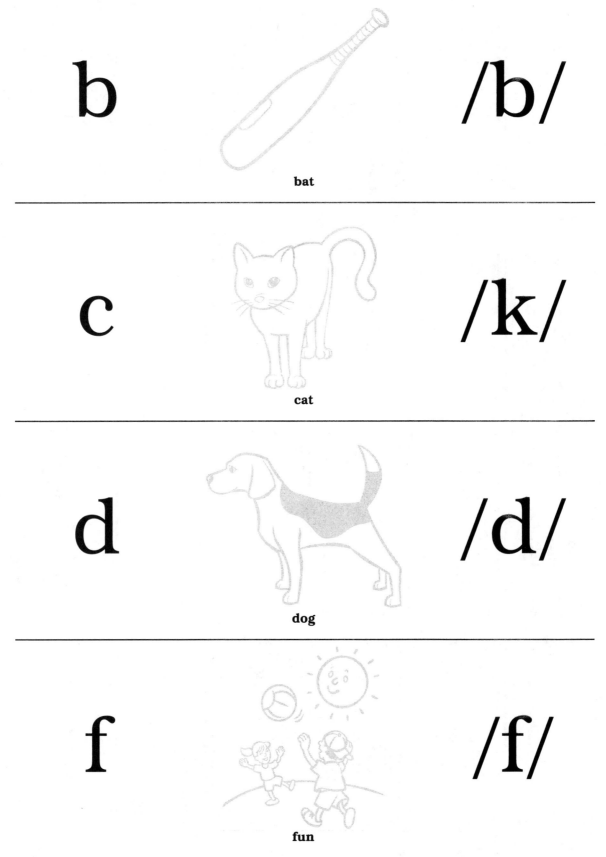

b   /b/

bat

c   /k/

cat

d   /d/

dog

f   /f/

fun

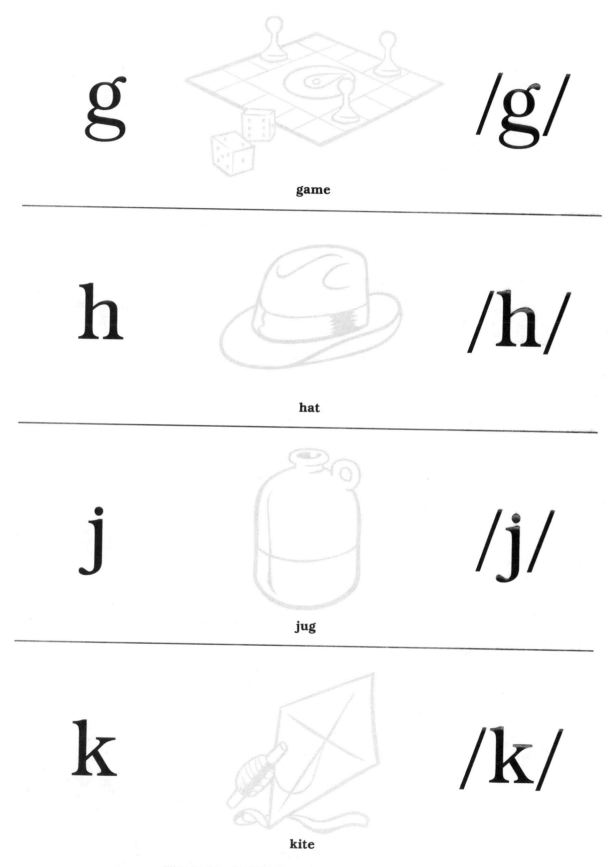

g /g/

game

h /h/

hat

j /j/

jug

k /k/

kite

Consonants

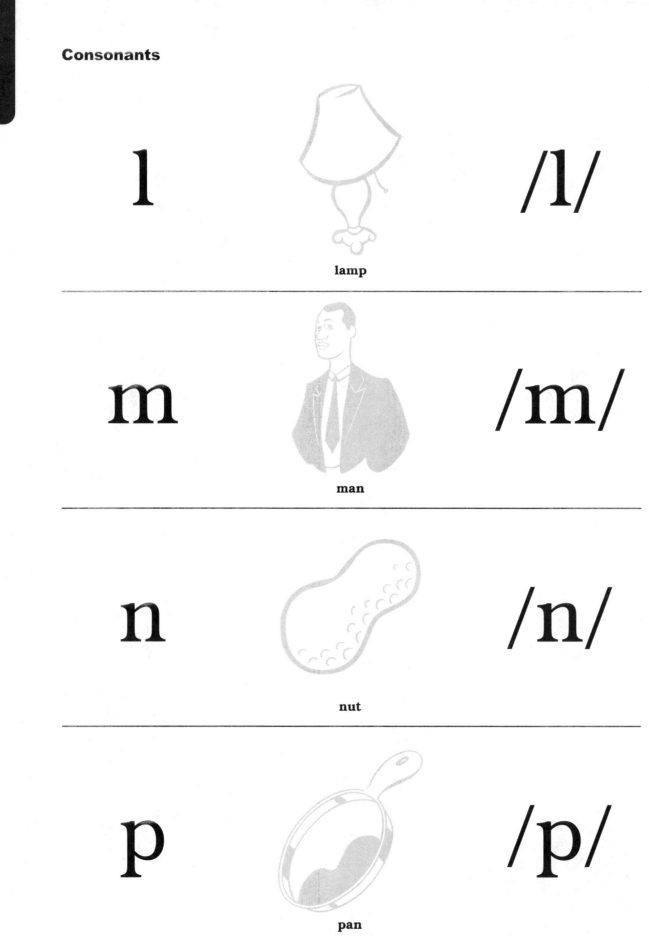

l   /l/

lamp

m   /m/

man

n   /n/

nut

p   /p/

pan

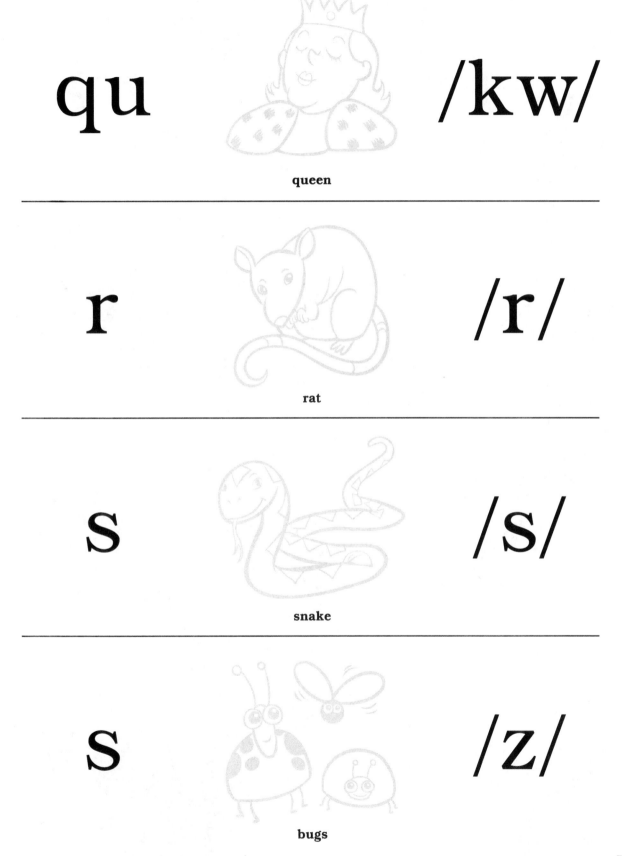

qu /kw/

queen

r /r/

rat

s /s/

snake

s /z/

bugs

Consonants

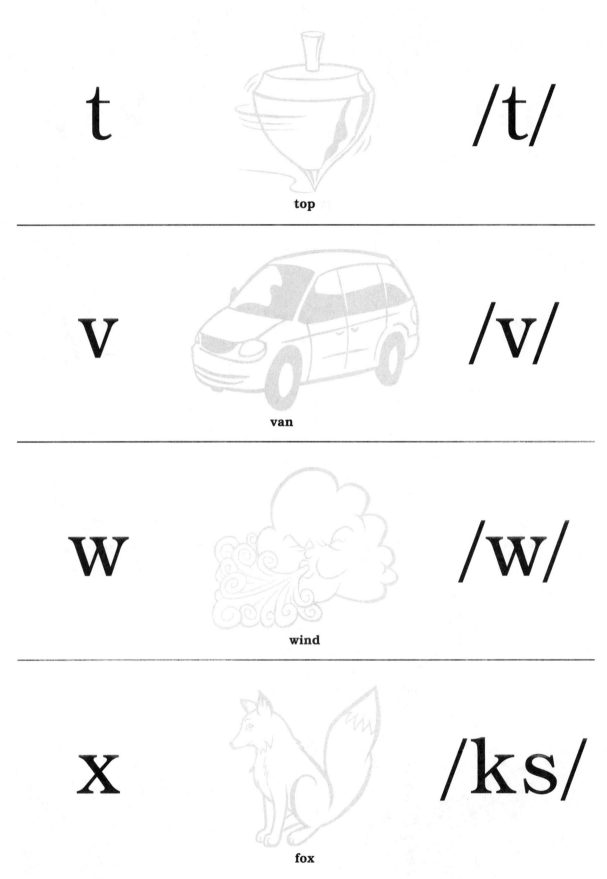

t — top — /t/

v — van — /v/

W — wind — /w/

x — fox — /ks/

y 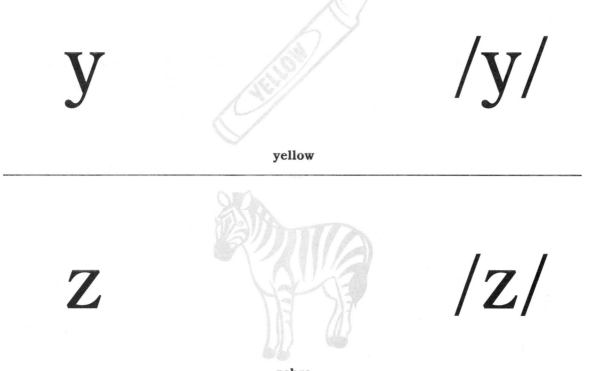 /y/

yellow

z /z/

zebra

Consonants

Consonant Digraph

Two consonants combined that stick together making one sound.

Blend

Two or more consonants in a row. They each say their own sound.

Digraph Blend

A digraph is combined with another consonant. The digraph says its sound. The consonant says its sound too.

Wilson Fundations® | ©2002, 2012 Wilson Language Training Corporation

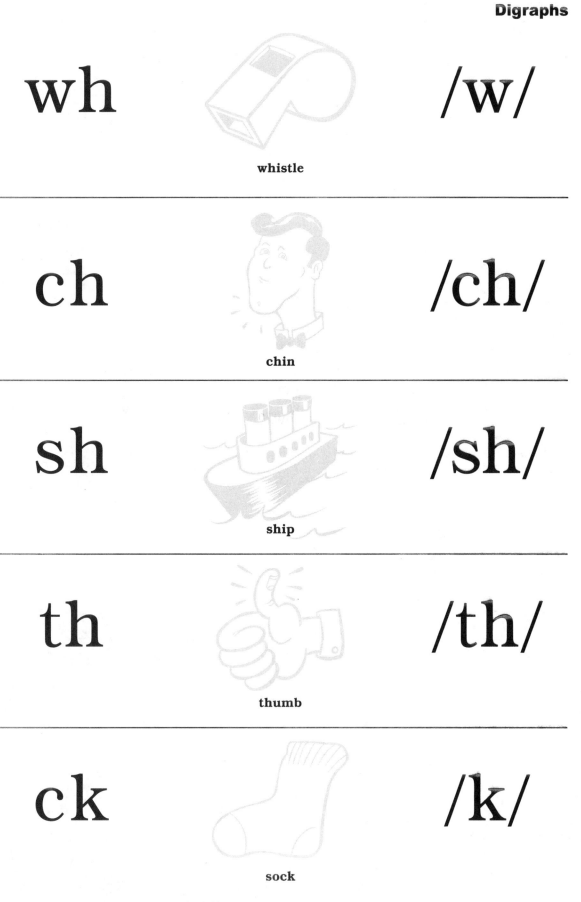

wh /w/

whistle

ch /ch/

chin

sh /sh/

ship

th /th/

thumb

ck /k/

sock

Short Vowels

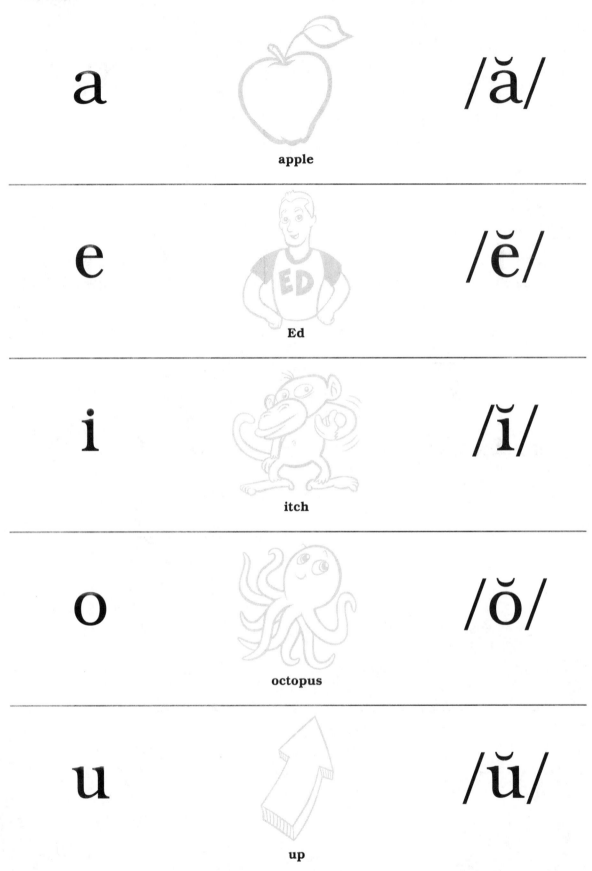

a   apple   /ă/

e   Ed   /ĕ/

i   itch   /ĭ/

o   octopus   /ŏ/

u   up   /ŭ/

all  /ȯl/

ball

an /an/

fan

am  /am/

ham

Welded/Glued Sounds

ng

---

ang 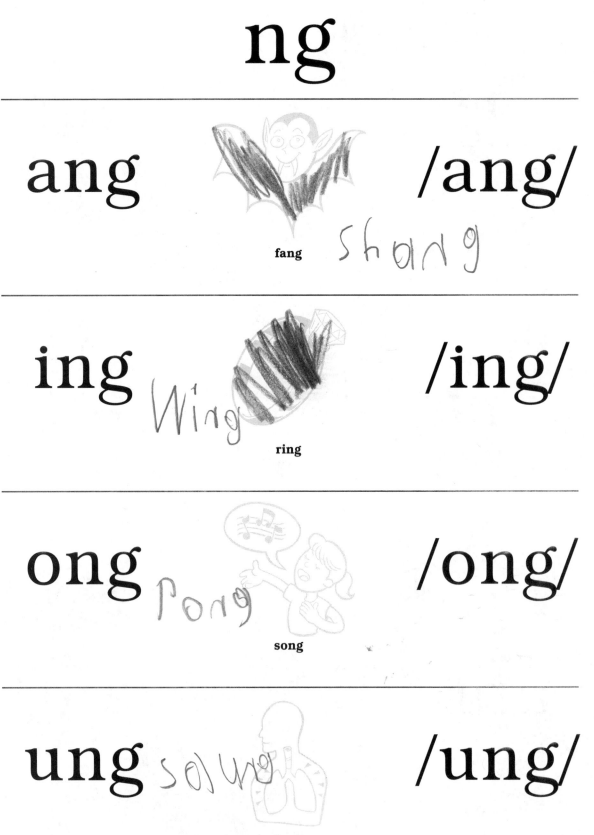 /ang/

fang   shang

---

ing /ing/

wing

ring

---

ong /ong/

Pong

song

---

ung /ung/

saung

lung

nk

ank /ank/

bank

ink /ink/

pink

onk /onk/

honk

unk /unk/

junk

Vowel-Consonant-e

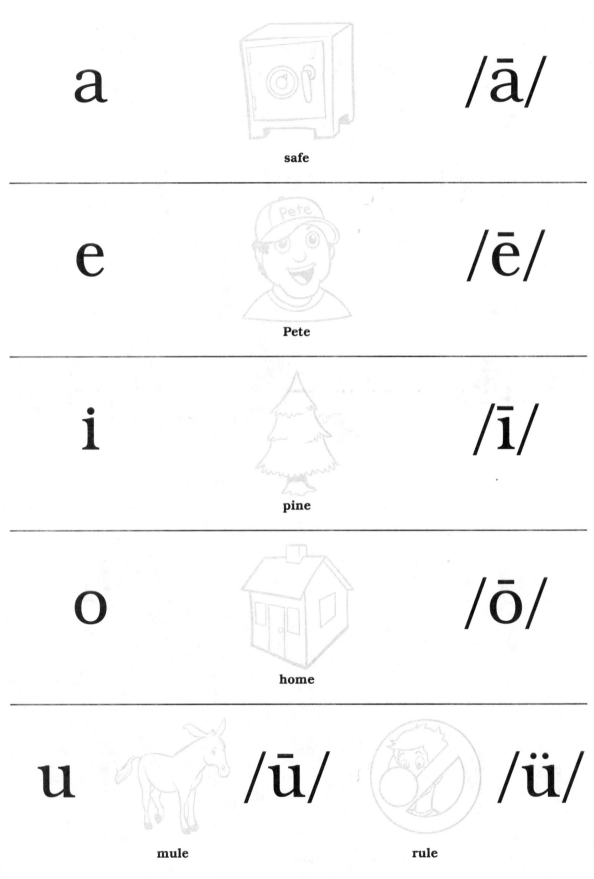

a   /ā/

safe

e   /ē/

Pete

i   /ī/

pine

o   /ō/

home

u   /ū/   /ü/

mule   rule

Vowel	Closed Syllable	Vowel-Consonant-e Syllable

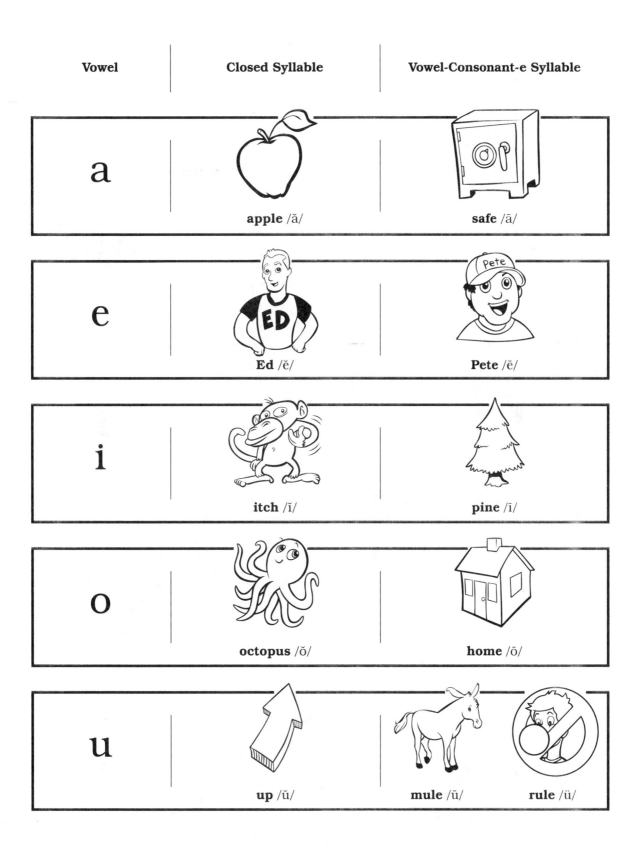

a	apple /ă/	safe /ā/
e	Ed /ĕ/	Pete /ē/
i	itch /ĭ/	pine /ī/
o	octopus /ŏ/	home /ō/
u	up /ŭ/	mule /ū/ rule /ü/

R-Controlled Vowels

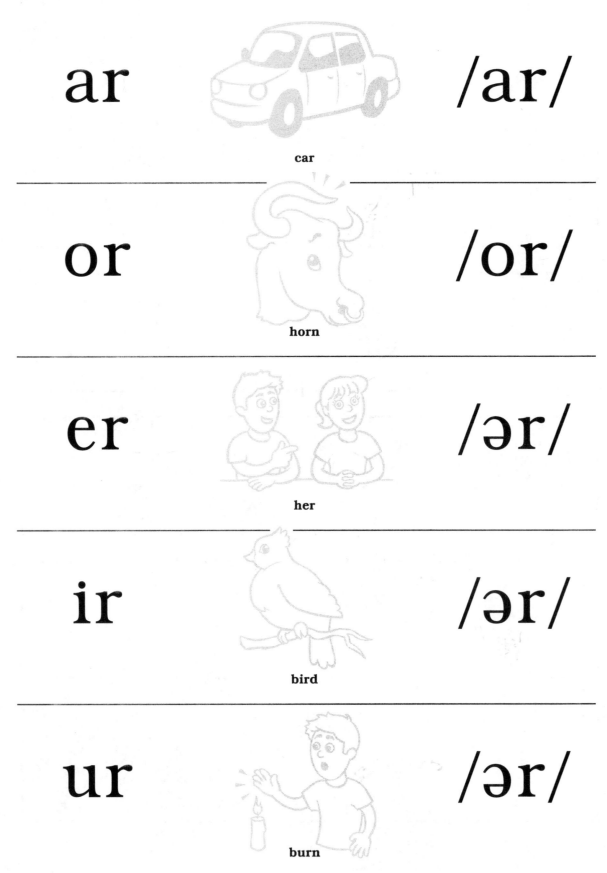

ar | car | /ar/

or | horn | /or/

er | her | /ər/

ir | bird | /ər/

ur | burn | /ər/

Vowel Teams

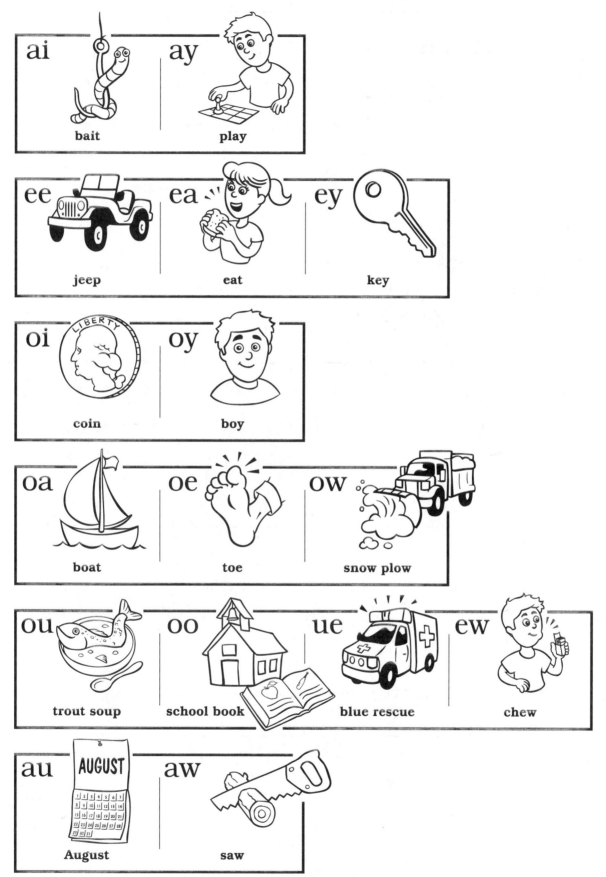

ai — bait

ay — play

ee — jeep

ea — eat

ey — key

oi — coin

oy — boy

oa — boat

oe — toe

ow — snow plow

ou — trout soup

oo — school book

ue — blue rescue

ew — chew

au — August

aw — saw

What is a Syllable?

A syllable is a word or part of a word made by **one push of breath**.

A syllable must have a least **one vowel**.

 Closed Syllables

1. A closed syllable has only **one vowel**.

2. The vowel is followed by **one** or **more consonants** (closed in).

3. The vowel sound is **short**. Mark it with a breve (˘).

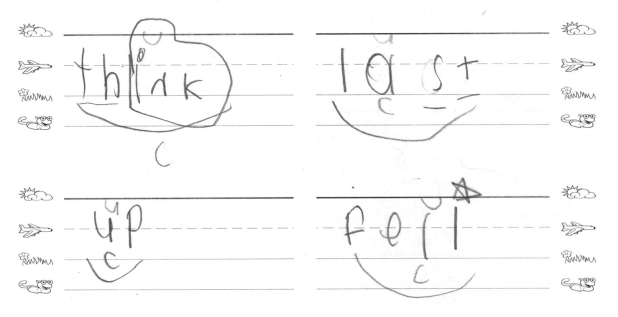

4. Closed syllables can be combined to make **multisyllabic** words.

Vowel-Consonant-e Syllables

1. This syllable has a **vowel**, then a **consonant**, then an **e**.

2. The first vowel is **long**. Mark it with a macron (ˉ).

3. The **e** is silent.

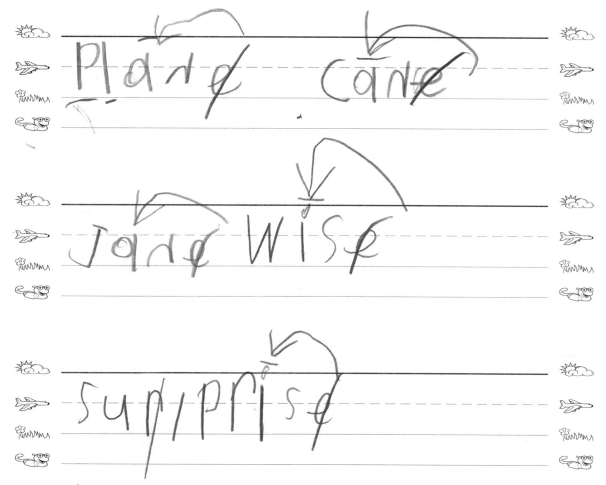

Plane   cane

Jane Wise

suprprise

4. Vowel-consonant-e syllables can be combined to make **multisyllabic** words.

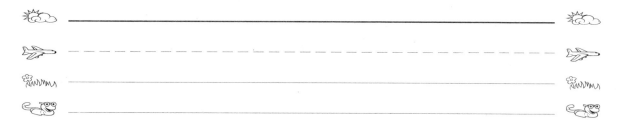

1 The Bonus Letter Rule for ff, ll, ss, and sometimes zz

At the end of a **one** syllable word, if the word ends in **one** vowel followed by an **f**, **l**, or **s**, you double that consonant.

ff _____   ll _____   ss _____

_ _ _ _ _ _ _ _   _ _ _ _ _ _ _ _   _ _ _ _ _ _ _ _

_____   _____   _____

_____   _____   _____

_____   _____   _____

_ _ _ _ _ _ _ _   _ _ _ _ _ _ _ _   _ _ _ _ _ _ _ _

_____   _____   _____

_____   _____   _____

The letter **z** is also doubled in some words.

zz _____   _____   _____

_ _ _ _ _ _ _ _   _ _ _ _ _ _ _ _   _ _ _ _ _ _ _ _

_____   _____   _____

_____   _____   _____

The letter **a**, followed by a **double l (ll)**, does not have the expected short vowel sound.

all _____   _____   _____

_ _ _ _ _ _ _ _   _ _ _ _ _ _ _ _   _ _ _ _ _ _ _ _

_____   _____   _____

_____   _____   _____

2 Three Ways to Spell /k/ = c, k, ck

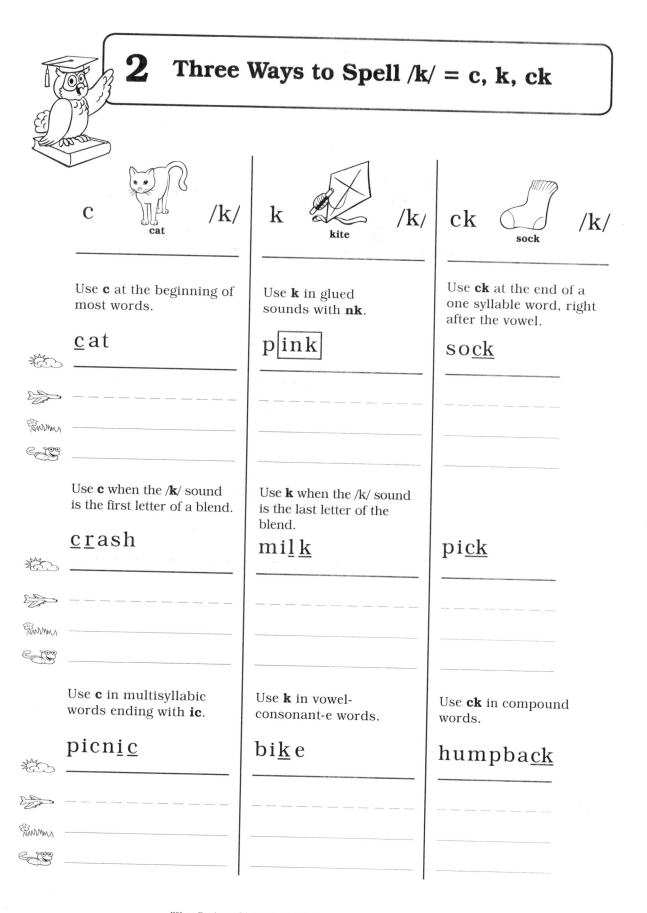

c cat /k/

Use **c** at the beginning of most words.

<u>c</u>at

Use **c** when the /**k**/ sound is the first letter of a blend.

<u>c</u><u>r</u>ash

Use **c** in multisyllabic words ending with **ic**.

picni<u>c</u>

k kite /k/

Use **k** in glued sounds with **nk**.

p|ink|

Use **k** when the /k/ sound is the last letter of the blend.

mil<u>k</u>

Use **k** in vowel-consonant-e words.

bi<u>k</u>e

ck sock /k/

Use **ck** at the end of a one syllable word, right after the vowel.

so<u>ck</u>

Use **ck** in compound words.

pick

humpba<u>ck</u>

SPELLING

3   The Baseword/Suffix Rules

 **Baseword**

A **baseword** is a word that can stand alone as a word or have something added to it.

 **Suffix**

A **suffix** is an ending that can be added to a baseword.

 **Plurals**

A **plural** word is a word that means more than one thing. Nouns add **s** or **es** to make them plural.

 **Action Words**

The **s** or **es** are also added to an **action** baseword or other verbs.

Most words add **s** to make them plural, or to show present action.

 _____   _____

✈ _____   _____

🌱 _____   _____

🐭 _____   _____

Words ending in **s, x, z, ch** and **sh** add **es**.

 _____   _____

✈ _____   _____

🌱 _____   _____

🐭 _____   _____

Consonant Suffix

s

bug + s =

Vowel Suffixes

es

box + es =

ing

fish + ing =

ed

rent + ed =

SPELLING

Capitalization and Punctuation

Capital Letters

A B C D E F

G H I J K L

M N O P Q R S

T U V W X Y Z

Capitalization

- Beginning of sentence: <u>T</u>he dog is cute.
- People's names: <u>J</u>ohn and <u>M</u>aria are here.
- Specific names of places: <u>L</u>ong <u>P</u>ond, <u>W</u>isconsin
- Days of the week, months of the year: <u>F</u>riday, <u>J</u>une
- Beginning word in quote: Mr. Smith said, "<u>Y</u>es, I will go!"

Punctuation

- Period (**.**): I am six years old.
- Question Mark (**?**): When will you visit?
- Exclamation Point (**!**): I love this class!

Other:

- Comma (**,**): September 1, 2012
- Quotes (**" "**): She asked, "How are you?"

Aa

Aa

Vocabulary

Aa

Bb

Vocabulary

Bb

Bb

Vocabulary

Bb

_____

- - - - - - - - - - - - - - - - - -

_____

_____

_____

- -

_____

_____

_____

- -

_____

_____

Bb

_____

- - - - - - - - - - - - - - - - - -

_____

_____

_____

- -

_____

_____

_____

- -

_____

_____

Vocabulary

Bb

Cc

Vocabulary

Cc

Cc

Wilson Fundations® | ©2002, 2012 Wilson Language Training Corporation

Cc

Dd

Vocabulary

Dd

Wilson Fundations® | ©2002, 2012 Wilson Language Training Corporation

Dd

Ee

Vocabulary

Ee

Ff

Ff

Ff

Vocabulary

Ff

Ff

Wilson Fundations® | ©2002, 2012 Wilson Language Training Corporation

Ff

Gg

Vocabulary

Gg

Hh

Hh

Hh

Vocabulary

Ii

Ii

Jj

Jj

Vocabulary

Jj

Jj

Kk

Kk

Vocabulary

Ll

Ll

Ll

GHIJKL

Ll

Vocabulary

L l

L l

Ll

Mm

MNOPQuRS

Mm

MNOPQuRS

Mm

Mm

Nn

M N O P Qu R S

Vocabulary

Nn

Wilson Fundations® | ©2002, 2012 Wilson Language Training Corporation

Oo

Oo

Pp

Plns

Shehhad a Plns.

On

Vocabulary

Pp

Pp

Pp

_____

- - - - - - - - - - - - - - - - - - - -

_____

_____

_____

- - - - - - - - - - - - - - - - - - - -

_____

_____

_____

- - - - - - - - - - - - - - - - - - - -

_____

_____

Pp

_____

- - - - - - - - - - - - - - - - - - - -

_____

_____

_____

- - - - - - - - - - - - - - - - - - - -

_____

_____

_____

- - - - - - - - - - - - - - - - - - - -

_____

_____

M N O P Qu R S

Pp

Qu qu

Wilson Fundations® | ©2002, 2012 Wilson Language Training Corporation

Qu qu

Qu qu

M N O P Qu R S

Vocabulary

Rr

Rr

Rr

MNOPQuRS

Rr

Ss

Ss

MNOPQuRS

Ss

MNOPQuRS

Vocabulary

Ss

Ss

Ss

MNOPQuRS

Ss

Vocabulary

Ss

Tt

TUVWXYZ

Tt

Vocabulary

Tt

Wilson Fundations® | ©2002, 2012 Wilson Language Training Corporation

Tt

TUVWXYZ

Vocabulary

Tt

Wilson Fundations® | ©2002, 2012 Wilson Language Training Corporation

Uu

Uu

T U V W X Y Z

Vv

Vv

Ww

T U V W X Y Z

Vocabulary

Ww

Ww

TUVWXYZ

Ww

_____

- -

_____

_____

_____

- -

_____

_____

_____

- -

_____

_____

Ww

_____

- -

_____

_____

_____

- -

_____

_____

_____

- -

_____

_____

Yy

Zz

Zz

Vocabulary

Trick Words

Aa

Aa

Aa

Aa

Aa

Aa

Aa

Aa

Aa

Aa

Aa

Bb

Trick Words

Bb   Bb

Bb   Cc

Bb   Cc

Bb   Cc

Bb   Cc

Bb   Cc

Wilson Fundations® | ©2002, 2012 Wilson Language Training Corporation

Trick Words

Dd

Ee

Dd

Ff

Dd

Ff

Dd

Ff

Dd

Ff

Ee

Ff

Trick Words

Gg

Hh

Gg

Hh

Gg

Hh

Gg

Hh

Hh

Hh

Hh

Hh

Wilson Fundations® | ©2002, 2012 Wilson Language Training Corporation

Ii

Kk

Ii

Kk

Ii

Ll

Ii

Ll

Jj

Ll

Jj

Ll

Trick Words

Mm   Mm

Mm   Mm

Mm   Nn

Mm   Nn

Mm   Nn

Mm   Nn

M N O P Qu R S

Nn   Oo

Nn   Oo

Oo   Oo

Oo   Oo

Oo   Oo

Oo   Oo

Trick Words

Pp

Ss

Pp

Ss

Pp

Ss

Ss

Ss

Ss

Ss

Ss

Ss

Tt   Tt

Tt   Tt

Tt   Tt

Tt   Uu

Tt   Vv

Tt   Vv

Trick Words

Ww | Ww

Ww | Ww

Ww | Ww

Ww | Ww

Ww | Ww

Ww | Ww

TUVWXYZ

Ww

Yy

Ww

Ww

Yy

Yy

Yy

TUVWXYZ

Trick Words